UN PROFESSEUR DE MATHÉMATIQUES

A L'UNIVERSITÉ DE CAEN

AU COMMENCEMENT DU XVIIᵉ SIÈCLE

François-Gilles MACÉ

PAR

Henri PRENTOUT

Professeur a l'Université de Caen

CAEN

HENRI DELESQUES. IMPRIMEUR-ÉDITEUR

34, rue Demolombe. 34

1912

UN PROFESSEUR DE MATHÉMATIQUES

A L'UNIVERSITÉ DE CAEN

AU COMMENCEMENT DU XVIIe SIÈCLE

François-Gilles MACÉ

PAR

Henri PRENTOUT

PROFESSEUR A L'UNIVERSITÉ DE CAEN

CAEN

HENRI DELESQUES, IMPRIMEUR-ÉDITEUR

34, RUE DEMOLOMBE, 34

1912

Un professeur de Mathématiques à l'Université de Caen

AU COMMENCEMENT DU XVIIe SIÈCLE

François-Gilles MACÉ

Lors de la restauration de l'Université de Caen et de l'arrêt de réformation du Parlement de Rouen de 1586, les mathématiques furent introduites dans l'enseignement. Mathématiques, grec, hébreu, n'était-ce point la triple tradition de la Renaissance inaugurée au Collège de France (1)? Le premier professeur fut un étranger, Jean de Séville (2); il eut pour successeur un caennais, Onfroy. Celui-ci orienta son cours vers un objet pratique; dès ce temps il comprenait la nécessité de plier l'enseignement des Universités aux convenances locales. Depuis la Réformation de 1586, chaque année, avant la rentrée des cours de la Saint-Denys, les professeurs de l'Univer-

(1) Voir H. Prentout : *L'Université de Caen à la fin du XVIe siècle. La Contre-Réforme catholique et les Réformes parlementaires*, dans les *Mémoires de l'Académie*, 1907.

(2) Une bien singulière et malencontreuse réminiscence m'a fait écrire à la page 71 du travail cité ci-dessus : Isidore de Séville ! Sur Jean de Séville voir l'appendice.

sité allaient conférer avec le Corps de ville et
le mettaient au courant de la situation de l'Université et de ses divers enseignements. A la séance
du Corps de ville du 13 septembre 1591, Mᵉ Onfroy,
interrogé sur son enseignement, dit « avoir *lu* les
Éléments d'Euclyde, mais avoir esté peu suivy d'auditeurs qui semblaient ne prendre pas grand goût
à ladite instruction... il se promet (pour l'année
suivante) de *lire* l'usage de l'astrolabe, l'usage de
la sphère et il espère que les auditeurs prendront
plus de contentement (1) ».

Il s'agissait, en effet, dans une ville maritime
comme l'était Caen à cette époque, de donner aux
marins une instruction mathématique et pratique.
De là à étudier le cours des astres et à faire dévier
l'enseignement des mathématiques vers celui de
l'astronomie, il n'y avait qu'un pas : il fut franchi au
XVIIᵉ siècle. Au reste, était-ce bien une nouveauté ?
L'astronomie faisait partie de l'enseignement de la
Faculté de Médecine qui avait dans les anciennes
Universités le rôle de nos Facultés des Sciences (2).
Le rédacteur du *Matrologe*, Pierre de Lesnauderie,
disait, au commencement du XVIᵉ siècle, que les
salles de la Faculté de Médecine, situées au-dessus
de la bibliothèque et du côté du marché, étaient
petites, mais élevées et qu'elles permettaient ainsi
d'observer le cours des astres (3). Les professeurs

(1) Arch. communales de Caen. *Délibérat.*, BB. 50, fol. 125.

(2) Voir mon mémoire : *La Faculté de Médecine de l'Université de Caen au XVIIᵉ siècle ;* Caen, Jouan, 1909.

(3) Arch. du Calvados, D. 64.

ordinaires de la Faculté n'ont cessé de se plaindre
de l'exiguïté de ces salles où ils ne pouvaient même
faire passer les examens (1). Seul a dû les appré-
cier, à cause de leur situation favorable, celui qui
était lecteur royal en mathématiques au temps de
Louis XIII, Gilles-François Macé. Nous le voyons
figurer comme professeur en médecine et aux
sciences mathématiques dans divers documents des
années de 1613 à 1638 (2) et toucher par an pour
cette fonction la somme de six-vingt livres.

Qu'était-ce que ce Gilles-François Macé ? Il était
le deuxième fils de Bénédic Macé, imprimeur à
Caen, libraire de l'Université (3), et se rattachait
ainsi à une célèbre dynastie d'imprimeurs qui
remonte au commencement du XVIᵉ siècle : Jean et
Richard Macé associés du célèbre Michel Angier
n'ont pas imprimé moins de 89 volumes, de 1502 à
1524. Leur frère, Robert Macé, également imprimeur, fut relieur de l'Université ; il eut pour successeur son fils Bénédic, le père de Gilles-François, qui
naquit le 2 février 1586. Si Gilles-François ne s'est
pas adonné à l'imprimerie, c'est que son frère aîné,
Charles avait succédé à son père et continuait de
faire fleurir la devise *Expes spero* qui, avec une cou-
ronne de laurier, encadrait la marque de Bénédic :

(1) *La Faculté de Médecine au XVIIᵉ siècle*, p. 5.

(2) Arch. communales, *Comptes des receveurs de l'octroi
sur le sel*.

(3) L. Delisle : *Catalogue des livres imprimés ou publiés
à Caen avant le milieu du XVIᵉ siècle ;* Caen, 1903-1904. 2 vol.
in-8°, t. II, p. xxv-xxxi, lx-lxvi.

« une sirène sur les flots, se peignant de la main
droite et tenant une ancre de la main gauche ».
C'est peut-être aussi que de bonne heure son goût
l'avait entraîné vers les spéculations mathématiques et l'étude de l'astronomie. Son portrait, con-
servé à la bibliothèque de la ville, nous montre un
homme jeune qui porte la moustache, la barbe à la
Louis XIII et a l'air ténébreux d'un homme qui vit
dans les nuages. (A vrai dire, le portrait est un peu
enfumé.)

En 1618, Gilles-François Macé devait jouir à Caen
d'une certaine réputation. Le fameux savant hol-
landais Isaac Beeckman, l'ami de Descartes, vint
dans cette ville prendre ses degrés de docteur en
médecine. C'était un homme exact et minutieux,
qui tenait un journal ou registre de ses pensées. Il
y notait aussi certains détails concernant sa vie de
tous les jours : le 13 août 1618, il était à Caen, chez
Macé, et il y vit la lunette de Galilée, il le note
dans son livre en ces termes remarquables : « Teles-
copium Galilei pictum a me visum et examinatum.
— 13 Augusti 1618, aderam Cadomi in Galliâ pro-
fessori mathematico, in cujus libro aliquo pictum
vidi tribum ocularem, qualem Galileus a Galileo
habebat (1) ». Suit une description de l'instrument.

Ainsi Beeckman, qui est à ce moment-là déjà très
curieux de science — depuis l'âge de seize ans, il
note sur son livre tout ce qui l'intéresse à cet égard,

---

(1) *Journal de Beeckman*, fol. 86 recto, col. 2. l. 7, cité par
Adam : *Œuvres de Descartes*, t. X, p. 23.

— a vu, avec un grand intérêt, chez ce professeur de mathématiques de Caen, la reproduction de la lunette de Galilée.

C'était alors, en effet, un fait d'actualité scientifique. En 1610, Galilée avait construit la fameuse lunette qui lui permit la plupart de ses grandes découvertes: il avait reconnu les montagnes de la lune, constaté que la voie lactée n'est qu'un amas d'étoiles, qu'il en est de même des nébuleuses. Or, la lunette de Galilée devait d'autant plus attirer l'attention de Beeckman, que c'était à Middelbourg, ville où il était né le 1er janvier 1589, que Jansen avait fabriqué les premières lunettes.

Quant à Macé, il est intéressant de constater qu'à cette date, il se tient au courant des travaux de Galilée. Nous allons voir qu'il est également au courant des travaux de Tycho-Brahé et de Képler.

1618 n'est pas seulement l'année de la rencontre de Beeckman et de Descartes (1), de Beeckman et de Macé. C'est l'année de la comète. Quand Beeckman vint voir Macé à Caen, celui-ci, armé de sa lunette, était déjà sans doute occupé à l'observation de cette comète. Car il publia l'année suivante, en cette ville, « chez Jaques Brenoiset, demeurant à Froide rue, à la court au Sens (2) », le « Discours véritable des admirables apparences, mouvemens et significations de la prodigieuse Comete de l'an

(1) Adam, *op. cit.*

(2) Cette cour doit son nom aux Du Sens, famille de bourgeois caennais, officiers du duc d'Orléans et de Marie de Clèves au XVe siècle.

1618, avec les démonstrations de sa situation celeste, grandeur et distance de la Terre ».

Cet ouvrage est dédié à Monseigneur Messire Alexandre de Faulcon, chevalier de l'Ordre du Roy, conseiller de Sa Majesté en ses Conseils d'Estat et privé, premier président en sa Court de Parlement de Normandie, seigneur de Ris, la Borde et Messy, chastellain de Charleval, etc...

Nous ne serons point surpris de cette dédicace; depuis la fin du XVI⁶ siècle, le Parlement de Rouen exerce un véritable contrôle permanent sur l'Université (1). Quand on connaît le langage des lettrés du temps, le style des dédicaces de Corneille, on ne trouve pas étrange le ton de l'épitre du pauvre astronome, qui se juge « téméraire d'offrir si peu de chose au Prince d'un si grand et auguste Sénat », et s'il dit à Faulcon « que son éminente doctrine le fait paroistre entre les hommes illustres comme les plus brillantes estoilles dans l'émail du firmament » ; s'il parle de l'espérance qu'il a conçue, en présentant son livre au premier président, « qu'il serait esclairé du Soleil de sa bienveillance », c'est langage d'astronome. Et si dans le magistrat rouennais, il voit un autre Alexandre, qui pourra défendre son livre et « fera naistre la honte au visage de ceux qui le voudroient blasmer », c'est allusion au prénom de son protecteur.

Macé en cherche un pour son petit discours;

(1) Voir H. Prentout : *L'Université de Caen à la fin du XVI⁶ siècle;* Caen, 1908, in-8⁰.

la précaution n'était pas inutile en un temps où les découvertes des astronomes étaient surveillées de près et où Galilée venait d'être invité à ne pas se prononcer nettement pour le système de Copernic (1616).

Il y a, en effet, dans ce petit traité quelques audaces. Macé, qui connaît les travaux de Galilée, les enregistre sans les blâmer; avec lui, après lui, il ose s'attaquer à l'autorité d'Aristote, qui avait régenté jusqu'alors l'astronomie comme toutes les autres sciences, et dont l'esprit d'examen du XVIe siècle n'avait pas encore tout à fait ébranlé l'autorité. Macé, par d'excellents arguments, ruine le fondement de cette autorité : « Et l'on doibt trouver estrange que depuis deux mil ans ou plus, l'opinion d'Aristote ait abusé l'esprit des hommes et que tant de philosophes de toutes nations ayent négligé d'acquerir la cognoissance d'un si grand nombre d'effroyables flambeaux qui ont esté regardez et admirez comme prodiges et advancoureur des calamitez publiques, sans avoir aucunement cogneu l'erreur de l'absurde et prodigieuse creance qu'ils en concevoient comme monstres à nature sur la relation d'autruy. *Comme si l'authorité d'un seul homme qui n'appuye sa doctrine d'aucunes observations et demonstrations mathematiques servoit d'article de foy en choses celestes et sublimes* dont la cognoissance de soy difficile et obscure ne se peut acquérir que par plusieurs experiences et diligentes observations de la distance de la Terre, mouvemens et apparences ».

Nous voyons ici un esprit philosophique et scientifique très éveillé et qui condamne justement le principe d'autorité en matière scientifique, et il y faut quelque courage, deux ans après la condamnation de Galilée.

Mais il y a chez les savants du XVIIe siècle de singulières contradictions et d'étonnants contrastes : le même homme qui nie si radicalement l'autorité d'Aristote et essaye d'étudier scientifiquement le mouvement des comètes, croit encore à la signification des comètes et, avec beaucoup d'astrologues, il rappelle tous les rapprochements à faire entre l'apparition de ces astres et les calamités qui ont désolé le globe depuis la ruine de Jérusalem qu'une comète avait annoncée. Il oublie cependant la conquête de l'Angleterre et la comète de 1066, preuve que dès ce temps-là la tapisserie de Bayeux était quelque peu oubliée et délaissée.

Il ne s'en tient pas là et il recherche ce que peut bien signifier l'apparition de la comète de 1618 : il a le bon goût de ne rien prédire de mauvais à ses concitoyens.

« Mais entre toutes les nations, cet astre inusité menace plus l'Empire des Turcs et autres peuples qui reverent l'Alcoran que nul autre pays, pource que cette secte brutale mahométique a pris naissance sous le Scorpion, peu après la conjonction des superieures planetes qui fust en ce signe Scorpioniste *l'an 630 de notre salut*. Et l'on a tousiours observé que quand il est arrivé quelque constellation notable, éclipse ou comète en ce signe, l'Empire turquesque a receu insigne perte ou dommage.

Hic agitat versatque suos fortuna Tyrannos.

« Sur quoi l'on peut rapporter ce qui arriva de la
grande comète observée par Haley, laquelle appa-
rut au 15ᵉ degré de Scorpion... En outre, les
batailles, meurtres et dépopulation des régions et
cités, famine et peste qui fut contre les Mores dont
il mourut un nombre infini, il y eut un rebelle en
Afrique qui, sous pretexte de l'explication de la Loy
de Mahomet, excita une grande sedition populaire.

« Il y a donc apparence que celle-cy estant apparue
en ce mesme signe et portée d'un mouvement
retrograde, renouvellera les guerres des Persans et
Othomans.

« Pourquoi les chrestiens doivent esperer de la
bonté celeste que la tyrannie de ces barbares ces-
sera bientost et que l'on dira de leur nation : « Co-
mite in terram qui vulneratis gentes, detracta est
apud inferos superbia tua ».

Un astrologue humaniste ne pouvait mieux finir ;
ces prédictions nous font sourire aujourd'hui. Mais
elles prouvent que Macé est bien de son temps ; les
savants du XVIIᵉ siècle manifestent un étonnant
mélange de science qui naît, d'érudition qui s'accu-
mule et d'esprit naïf. Un demi-siècle plus tard, nos
confrères et ancêtres de l'Académie épuiseront tous
les trésors de leur érudition philologique à recher-
cher l'emplacement du Paradis terrestre. Et à
ne considérer que les astronomes, Képler, dont
Macé a lu les œuvres et qui l'a sans doute inspiré,

Képler, après avoir fait faire à l'astronomie les progrès les plus décisifs, croyait aux pronostics à tirer du cours des astres et ses œuvres complètes contiennent, à côté de ces grands ouvrages astronomiques, des traités d'astrologie.

Et c'est par là qu'il faut finir. Il nous suffit que Macé ait été au courant de la science de son temps. A peine Galilée, Képler ont-ils écrit et exposé leurs immortelles découvertes, que Macé les connaît et s'en inspire. De même nous avons pu remarquer que ses confrères en médecine, les J. de Cahaignes et les De Vendes sont au courant de toutes les découvertes médicales de leur temps : ce ne sont point de simples praticiens, mais des esprits curieux qui travaillent et cherchent à faire progresser la science. Leur science est celle du XVII⁰ siècle, et ce n'est point leur faute. Mais ce furent des savants.

APPENDICES

I

A Mes tres honorez seigneurs Messeigneurs les
maire et eschevins de l'hostel de Ville de Caen.

Supplie très humblement Jehan de Seville, professeur
aux sciences mathematiques en vostre Université, estre
continué en votre bonne grace et faveur et aux gages des
professeurs de lad. Université pour le moins telles que
ceste année présente qui sont de 40 l., s'il ne vous plaist
les luy augmenter attendu qu'il luy couste la moitié
d'icelles pour son logis et il vous fera bon service et à tous
ceux qui voudront communiquer avec luy en son parti-
culier attendu que son indisposition ne luy permet de lire
publiquement et qu'un autre est aussi designé pour les
leçons publiques des dictes sciences mathematiques.

V^{re}

J. DE SEVILLE.

Arch. communales. *Délibérations*, BB. 50, 1580-1637, f° 237.

II

Supplie très humblement Vostre très humble serviteur
Jehan Gurus de Seville, professeur aux sciences mathe-

matiques en votre Université il y a plus de vingt ans, d'estre continué aux gages qu'il vous a pleu de votre grace lui donner à ceux des professeurs à l'esgard que vous avez eu à son antiquite et debilite et vous ferez un bon œuvre et luy donnerez courage de faire de mieux en mieux bon service à votre république.

GURUS DE SEVILLE.

Ibid., f° 339.

--------○--------

Caen. — Impr. H. DELESQUES, rue Demolombe, 34